La bibliothèque de Maman Poule

L'HEURE DU GOÛTER

42 recettes

Christine Achard

Photographies **François Chemel**

Editions OUEST-FRANCE

Madeleines de Proust

RIZ AU LAIT
AUX FRAMBOISES

Préparation : 5 min *Cuisson :* 50 min

POUR 4 PERSONNES

80 g de riz rond spécial dessert ✦ 50 cl de lait ✦ 25 cl de crème fraîche liquide ✦ 2 gousses de vanille ✦ 70 g de sucre en poudre

✦ Blanchir le riz, c'est-à-dire le recouvrir d'eau froide dans une casserole et le porter à ébullition, puis l'égoutter.

✦ Dans une grande casserole, mélanger le lait avec la crème, déposer le riz et les deux gousses de vanille fendues et grattées, et faire cuire à feu doux 40 min en remuant régulièrement pour que le riz ne colle pas.

✦ Ôter du feu, incorporer le sucre et remettre à cuire 10 min.

✦ Répartir le riz cuit dans des ramequins transparents en déposant délicatement quelques framboises de-ci de-là.

✦ Placer au réfrigérateur une bonne heure.

Madeleines de Proust

TARTE AU CITRON

Préparation : 30 min Cuisson : 15 min

POUR 6 PERSONNES

PÂTE : 200 g de corn flakes ✦ 100 g de beurre ✦ 15 g de Maïzena ✦ 2 ou 3 cuillerées à soupe d'eau ✦ **GARNITURE :** 150 g de sucre ✦ 3 œufs entiers ✦ 10 cl de jus de citron ✦ Le zeste de 2 citrons jaunes ✦ 100 g de beurre en dés

✦ Préparer la pâte à tarte : mixer grossièrement les corn flakes au robot, ou les écraser avec votre rouleau à pâtisserie.

✦ Faire fondre le beurre.

✦ Dans un saladier, mélanger la Maïzena, l'eau, et les corn flakes écrasés. Puis incorporer le beurre.

✦ Étaler cette préparation dans le fond d'un moule à tarte amovible. Presser bien avec le dos d'une grande cuillère puis réserver au réfrigérateur 30 min.

✦ Préchauffer le four à 180 °C (th. 6) et enfourner le fond de tarte 10 à 15 min.

✦ Pendant ce temps, réaliser le lemon curd : dans un bol, mélanger le sucre et le zeste des deux citrons. Ajouter les œufs en les fouettant comme une omelette, puis le jus de citron.

✦ Faire cuire au bain-marie 15 min en remuant constamment.

✦ Hors du feu, ajouter le beurre en dés et laisser refroidir puis réserver 2 à 3 h au réfrigérateur.

✦ Verser sur le fond de tarte frais et déguster.

Le mélange de l'acidité de l'agrume et du croustillant de la tarte est assez surprenant. Vous pouvez remplacer le jus de citron par du jus de yuzu, un agrume japonais très citronné. C'est délicieux.

FONDANT AU CHOCOLAT

Préparation : 20 min *Cuisson :* 35 min

POUR 6 PERSONNES

200 g de chocolat à 60 % ou 70 % de cacao ✦ 200 g de beurre ✦ 200 g de sucre en poudre ✦ 4 œufs entiers ✦ 1 cuillerée à soupe de Maïzena

✦ Préchauffer le four à 180 °C (th. 6).

✦ Casser le chocolat en carrés dans une terrine avec le beurre.

✦ Faire fondre le tout soit au bain-marie, soit dans le micro-ondes.

✦ Mélanger bien le chocolat pour obtenir une substance lisse.

✦ Ajouter le sucre en poudre.

✦ Casser un à un les œufs entiers dans votre préparation chocolatée.

✦ Tamiser la Maïzena et la verser dans la pâte à gâteau. Remuer énergiquement pour obtenir une consistance homogène.

✦ Verser votre préparation dans des petits moules. Ne pas les remplir jusqu'en haut, sinon ils seront trop épais et auront du mal à cuire à cœur.

✦ Les placer au bain-marie dans le bas de votre four pendant 25 min à 180 °C (th. 6). La cuisson sera plus douce et gardera du moelleux au gâteau.

✦ Si vous préférez un moule plus grand, ajuster le temps de cuisson, et prévoir 10 à 15 min supplémentaires.

✦ Tester la cuisson avec la pointe d'un couteau, il doit être fondant à cœur.

✦ Laisser refroidir avant de démouler. Vous pouvez aussi saupoudrer de deux cuillerées à soupe de sucre glace et cacao en poudre sur votre gâteau.

GÂTEAU ROULÉ
À LA GELÉE DE GROSEILLE

Préparation : 10 min *Cuisson :* 8 min

POUR 6 PERSONNES

120 g de beurre ✦ 100 g de sucre ✦ 2 œufs entiers ✦ 1/2 sachet de levure ✦ 120 g de farine tamisée ✦ Gelée de groseille

✦ Préchauffer le four à 200 °C (th. 7).

✦ Dans un saladier, mélanger les œufs entiers au batteur électrique avec le sucre jusqu'à ce que le mélange blanchisse, environ 3 à 4 min.

✦ Ajouter la farine et la levure tamisée et bien remuer.

✦ Incorporer le beurre fondu.

✦ Étaler la pâte obtenue de façon homogène à l'aide d'une spatule sur une plaque de cuisson recouverte de papier sulfurisé et enfourner 8 min à 200 °C (th. 7).

✦ À la sortie du four, déposer sur le biscuit un torchon bien humide et retourner délicatement le gâteau.

✦ Décoller la feuille de papier sulfurisé avant de tartiner généreusement de gelée de groseille la surface de tout le gâteau.

✦ Rouler délicatement en vous aidant du torchon et en serrant légèrement pour constituer le roulé.

✦ Laisser reposer le biscuit pendant 2 h au moins, puis le découper en tranches en biseau avant de déguster.

CAKE AUX FRUITS
CONFITS

Préparation : 15 min *Cuisson :* 1 h 10

POUR 8 PERSONNES

280 g de farine + 30 g pour les fruits confits ✦ 200 g de beurre en pommade (100 g de beurre doux et 100 g de beurre salé) ✦ 150 g de sucre roux ✦ 3 œufs + 1 jaune ✦ 1/2 sachet de levure chimique ✦ 10 cl de rhum ✦ 150 g de cerises confites + 4 ou 5 cerises supplémentaires pour la décoration ✦ 200 g de raisins de Corinthe et de Smyrne ✦ 150 g de fruits confits assortis ✦ 4 ou 5 cuillerées à soupe de confiture d'abricot pour le nappage (facultatif)

✦ Sortir le beurre une bonne heure avant de cuisiner.

✦ Préchauffer le four à 210 °C (th. 7).

✦ Faire gonfler les raisins secs dans le rhum au moins 10 min.

✦ Battre le beurre et le sucre dans un saladier pendant 2 à 3 min. Le mélange doit légèrement blanchir.

✦ Ajouter les œufs un à un puis le jaune. Bien mélanger.

✦ Tamiser la farine avec la levure chimique puis les ajouter à la pâte.

✦ Incorporer les raisins et le rhum en remuant bien pour obtenir une consistance homogène. Fariner les fruits confits (pour éviter qu'ils ne tombent au fond du plat lors de la cuisson) puis les verser dans la pâte en soulevant cette dernière délicatement avec une spatule.

✦ Chemiser le moule à cake de papier de cuisson et verser la pâte. Enfourner le gâteau et baisser la température du four à 180 °C (th. 6). Laisser cuire 1 h 10. À mi-cuisson (environ 35 min), fendre le cake dans la longueur avec une corne à pâtisserie (à défaut la spatule fait très bien l'affaire). Cela permet au gâteau de mieux se développer. Si le cake dore trop vite, le couvrir d'une feuille de papier d'aluminium.

✦ Le piquer avec la lame d'un couteau ; si elle ressort sèche, c'est que le gâteau est cuit. Le sortir et, lorsqu'il est froid, le démouler avant de chauffer à feu doux la confiture d'abricot dans une casserole et de napper la surface du cake.

✦ Disposer les cerises confites entières qui vous restent.

Si vous en avez le courage, oubliez le cake deux jours dans un placard : il n'en sera que meilleur !

PAIN D'ÉPICE
ALSACIEN

Préparation : 20 min *Cuisson :* 35 min

POUR 8 PERSONNES

250 g de miel ✦ 250 g de sucre ✦ 1 cuillerée à soupe d'amande amère ✦ 1 cuillerée à soupe de bicarbonate ✦ 500 g de farine ✦ 125 g de beurre ✦ 1/2 verre de kirsch ✦ 5 cuillerées à soupe de mélanges d'épices pour pain d'épice (ou à défaut 1 cuillerée à soupe de cannelle, 1 pointe d'anis étoilé, 1 pincée de clou de girofle, 1 pincée de noix de muscade, 1 cuillerée à café de gingembre en poudre...) ✦ 1,5 verre d'eau (soit 20 à 22 cl) ✦ Le zeste d'un citron jaune ✦ **GLAÇAGE :** 200 g de sucre glace ✦ 1 blanc d'œuf ✦ 1 cuillerée à café de jus de citron

La veille

✦ Faire fondre le miel à feu très doux dans une casserole avec le sucre, le beurre et l'eau.

✦ Ajouter l'extrait d'amande amère, les différentes épices, le zeste de citron, le bicarbonate et le kirsch.

✦ Introduire petit à petit la farine. Travailler la pâte pour qu'elle devienne homogène puis l'envelopper dans du film alimentaire et la laisser reposer au frais une bonne nuit au moins. Si vous avez le temps, vous pouvez laisser la pâte reposer une journée supplémentaire. Votre pain d'épice n'en sera que meilleur.

Le jour même

✦ Préchauffer le four à 200 °C (th. 7).

✦ Étaler la pâte sur une plaque beurrée et enfourner pour 35 min. Si vous réalisez des formes (petits personnages, sapins, étoiles...) avec votre pâte à pain d'épice à l'aide d'emporte-pièce, ajuster le temps de cuisson : à peine 10 min.

✦ Laisser refroidir votre pain d'épice avant de le glacer avec le sucre glace, le blanc d'œuf et le jus de citron, à l'aide d'un pinceau ou à la cuillère.

FAR BRETON

Préparation : 10 min *Cuisson :* 1 h

POUR 4 PERSONNES

75 cl de lait ✦ 180 g de farine ✦ 120 g de sucre en poudre ✦ 3 œufs ✦ 20 g de beurre de préférence demi-sel ✦ 250 g de pruneaux d'Agen ✦ 1 bol de thé type Earl Grey

✦ Préchauffer le four à 180 °C (th. 6).

✦ Préparer un bol de thé Earl Grey froid dans lequel vous mettez les pruneaux à gonfler 30 min.

✦ Pendant ce temps, battre les œufs en omelette avec un fouet dans un saladier quelques minutes. Ils doivent être bien crémeux.

✦ Introduire la farine tamisée, en pluie petit à petit, puis le sucre. Bien remuer afin d'obtenir une pâte homogène, sans grumeaux. Délayer progressivement avec le lait.

✦ Beurrer un plat allant au four. Tapisser le fond avec les pruneaux égouttés. Recouvrir avec la pâte, parsemer de noisettes de beurre et enfourner pour 55 min à 1 h. La texture idéale du far : moelleux à l'intérieur, crémeux et doré à l'extérieur, mais en aucun cas sec.

Si vous aimez les desserts assez sucrés, vous pouvez saupoudrer votre far de sucre glace à la sortie de four.

TARTE
TRÈS CHOCOLAT

Préparation : 20 min Cuisson : 25 min

POUR 6 PERSONNES

PÂTE À TARTE : *180 g de farine* ✦ *80 g de sucre* ✦ *70 g de beurre à température ambiante* ✦ *1 œuf* ✦ **GANACHE :** *200 g de chocolat à 60 % ou 70 % de cacao* ✦ *10 cl de crème fleurette entière* ✦ *10 cl de lait* ✦ *1/2 gousse de vanille* ✦ *16 g de beurre* ✦ *1 œuf entier*

✦ Réaliser la pâte à tarte : dans un saladier, mélanger le sucre et le beurre découpé en petits morceaux. Le mélange doit pratiquement blanchir.

✦ Ajouter l'œuf entier et bien remuer avant d'incorporer la farine tamisée progressivement. Mélanger avant de former une boule avec la pâte. Couvrir de film alimentaire et placer au réfrigérateur pendant 1 à 2 h.

✦ Préchauffer le four à 200 °C (th. 6/7).

✦ Beurrer légèrement six cercles ou moules à tartelettes et étaler la pâte puis chemiser les cercles. Enfourner pour 10 à 12 min. Les sortir du four et les laisser refroidir avec leur cercle. Baisser la température de votre four à 180 °C (th. 6).

✦ Pendant ce temps, réaliser la ganache : dans une casserole, porter à ébullition la crème, le lait, le beurre et la demi-gousse de vanille fendue et grattée.

✦ Détailler le chocolat en copeaux dans un saladier.

✦ Ôter la gousse de vanille de la casserole avant de verser la crème et le lait chaud sur le chocolat. Bien remuer délicatement sans faire entrer d'air pour ne pas créer de bulles.

✦ Ajouter l'œuf entier et verser ce mélange sur les fonds de tartelettes.

✦ Enfourner les tartes au chocolat, éteindre le four et maintenir la cuisson 15 à 20 min.

✦ Sortir les tartelettes, laisser tiédir 5 à 10 min avant d'ôter les cercles et de réserver sur une grille.

✦ Laisser complètement refroidir avant de déguster.

Madeleines de Proust

BISCUIT DE SAVOIE
ET SA COMPOTÉE DE MYRTILLES

Préparation : 20 min Cuisson : 45 min

POUR 6 PERSONNES

COMPOTÉE : *500 g de myrtilles fraîches* ✦ *100 g de sucre* ✦ *20 cl d'eau* ✦ *Le jus d'un demi-citron* ✦ *4 gousses de cardamome* ✦ **GÂTEAU DE SAVOIE :** *125 g de sucre* ✦ *1 sachet de sucre vanillé* ✦ *4 œufs entiers* ✦ *60 g de farine* ✦ *30 g de fécule de pomme de terre*

✦ Préchauffer le four à 170 ˚C (th. 6).

✦ Dans un saladier, mélanger le sucre et le sucre vanillé avant d'introduire les quatre jaunes d'œufs. Battre à l'aide d'un fouet manuel ou d'un batteur électrique. La préparation doit presque devenir blanche, crémeuse. C'est le secret pour réussir le gâteau de Savoie.

✦ Verser ensuite la farine avec la fécule de pomme de terre dans le sucre et les jaunes d'œufs.

✦ Monter les blancs en neige très ferme. Incorporer délicatement avec une spatule les blancs montés en soulevant la pâte.

✦ Verser la préparation dans un moule beurré et enfourner 45 min à 170 ˚C (th. 6). Avant de sortir le gâteau, vérifier avec la pointe d'un couteau la cuisson. Laisser refroidir le « Savoie » sur une grille.

✦ Pendant la cuisson du gâteau, réaliser la compotée : ouvrir les gousses de cardamome à l'aide d'un couteau, et réduire en poudre les graines.

✦ Porter à ébullition l'eau, le jus de citron, le sucre et la poudre de cardamome.

✦ Introduire les myrtilles et laisser cuire de nouveau 3 min. Ôter du feu et laisser infuser les fruits jusqu'à total refroidissement. Réserver au réfrigérateur.

✦ Déguster la compotée bien fraîche accompagnée d'une tranche de gâteau de Savoie.

KOUGLOF

Préparation : 20 min *Cuisson :* 40 min

POUR 6 PERSONNES

250 g de farine T45 ✦ 4 œufs ✦ 15 cl de lait ✦ 160 g de beurre ✦ 40 g de sucre ✦ 50 g de raisins secs blonds ✦ 50 g d'amandes entières avec la peau ✦ 18 g de levure de boulanger ✦ 5 g de sel fin ✦ Le zeste d'un citron ✦ 35 g d'amandes effilées ✦ Sucre glace

✦ Faire gonfler les raisins secs dans le rhum au moins 30 min.
✦ Dans le bol d'un robot, verser la farine tamisée, le sel, le sucre, les deux œufs.
✦ Faire tiédir le lait et diluer la levure avant de la verser avec les autres ingrédients.
✦ Pétrir au robot pour obtenir une pâte homogène.
✦ Ajouter les deux autres œufs. Bien pétrir 8 min et lorsque la pâte se détache des parois du robot, introduire les raisins secs, le beurre découpé en dés, et le zeste de citron. Pétrir de nouveau 4 min. Réserver 30 min.
✦ Verser la préparation aux deux tiers dans un moule à kouglof beurré, tapissé des amandes effilées et des amandes entières. Laisser gonfler pendant 1 h 30 à 2 h, sous un torchon propre, à température ambiante.
✦ Préchauffer le four à 180 °C (th. 6).
✦ Enfourner pour 20 min, puis baisser le four à 160 °C (th. 5) pour les vingt autres minutes.
✦ Démouler et laisser refroidir puis saupoudrer de sucre glace.

Le kouglof se conserve facilement 3 à 4 jours, enveloppé dans du papier aluminium. Vous pouvez remplacer les amandes par des fruits confits en petits dés. Préférer un moule à kouglof traditionnel en terre cuite.

CARROT CAKE

Préparation : 15 min *Cuisson :* 1 h

POUR 6 PERSONNES

250 g de carottes ✦ 125 g de sucre cassonade ✦ 125 g de beurre ✦ 2 œufs entiers ✦ 200 g de farine ✦ 1 cuillerée à café de levure chimique ✦ 2 cuillerées à café de cannelle ✦ 40 g de raisins blonds ✦ Un peu de beurre pour le plat ✦

✦ Préchauffer le four à 180 °C (th. 6).

✦ Dans un saladier, battre les œufs en omelette avec un batteur électrique quelques minutes pour obtenir une substance mousseuse.

✦ Ajouter le sucre cassonade. Bien travailler le mélange jusqu'à ce qu'il blanchisse.

✦ Ajouter la farine tamisée à laquelle vous avez incorporé la levure.

✦ Bien mélanger avant d'introduire le beurre fondu, la cannelle et les raisins secs.

✦ Incorporer délicatement les carottes que vous avez épluchées et râpées.

✦ Beurrer un moule à cake ou des petits moules individuels et verser la pâte dans le plat.

✦ Faire cuire 1 h pour un format familial et 20 à 30 min pour des petits moules. Vérifier la cuisson en enfonçant la pointe d'un couteau au centre du gâteau : elle doit ressortir sèche.

✦ Laisser refroidir avant de démouler.

Contrairement aux idées reçues, ce dessert classique dans les familles américaines est originaire d'Allemagne. Il est arrivé sur le continent américain avec les colons.

La carotte dans un dessert peut surprendre, mais essayer ce gâteau au goût exquis, c'est l'adopter !

APPLE ET PEAR PIE
AU CASSIS

Préparation : 10 min *Cuisson :* 30 min

POUR 6 PERSONNES

2 pommes golden ou reinette ✦ 2 poires type Conférence ✦ 6 cuillerées à café de confiture de cassis ✦ 140 g de beurre ✦ 180 g de farine ✦ 70 g de sucre cassonade ✦ 2 jaunes d'œufs ✦ 1/2 jus de citron jaune ✦ 1 cuillerée à café de cannelle

✦ Préparer la pâte de votre Pie : mélanger dans un saladier le beurre mou avec le sucre et un jaune d'œuf. Mélanger la farine tamisée avec la cannelle puis l'incorporer à la pâte en la pétrissant avec les mains. Réaliser une boule, filmer et réserver au réfrigérateur.

✦ Éplucher les pommes et les poires. Les couper en morceaux et verser le demi-jus de citron pour éviter que les fruits ne noircissent.

✦ Répartir les fruits de manière équitable dans six ramequins individuels.

✦ Préchauffer votre four à 160 °C (th. 5).

✦ Ajouter une cuillerée à café de confiture de cassis dans chacun des récipients.

✦ Étaler la pâte sur votre plan de travail fariné avec votre rouleau à pâtisserie. Tailler six cercles légèrement plus grands que le diamètre de vos ramequins et les déposer délicatement puis souder les bords avec les doigts en appuyant bien.

✦ Dans un petit bol, mélanger le deuxième jaune d'œuf avec une cuillerée à soupe d'eau et badigeonner les chapeaux de vos desserts au pinceau.

✦ Enfourner vos Apple Pie pour 40 min.

✦ Sortir et déguster tiède.

D'ici et d'ailleurs

CHEESE-CAKE

Préparation : 20 min *Cuisson :* 35 min

POUR 6 PERSONNES

150 g de biscuits Thé ou Petit Brun (moins sucrés que les spéculos) ✦ *50 g de beurre fondu* ✦
300 g de fromage blanc 20 % MG ✦ *300 g de Philadelphia nature* ✦ *2 œufs* ✦ *100 g de sucre*
✦ *1 sachet de sucre vanillé* ✦ *Le zeste d'un demi-citron jaune*

✦ Préchauffer votre four à 180 °C (th. 6).

✦ Déposer les biscuits secs dans le bol d'un mixeur. Réduire en miettes les biscuits puis les mélanger aux 50 g de beurre fondu, avec une cuillerée à soupe d'eau.

✦ Tapisser le fond d'un moule à charnière (de préférence) et à fond amovible de cette pâte. Tasser bien avec le dos d'une grande cuillère ou avec le fond d'un verre.

✦ Enfourner pour 10 min de cuisson. Laisser refroidir et réserver.

✦ Dans un saladier, fouetter les deux fromages ensemble au batteur électrique.

✦ Ajouter les œufs entiers puis les deux sucres et le zeste de citron. Bien mélanger pour obtenir une préparation bien lisse.

✦ Verser cet appareil sur le fond de miettes de biscuits ; lisser la surface du cheese-cake et faire cuire 35 min. Pour éviter que votre gâteau ne se fende sur le dessus, glisser un ramequin d'eau lors de la cuisson à côté du moule. Ne pas ouvrir la porte de votre four pendant la cuisson, cela risquerait justement de le fendre. Le cheese-cake est cuit lorsque le dessus est un peu gonflé avec un centre encore légèrement mou. Il doit encore trembloter. Il va épaissir en refroidissant. Éteindre le four et laisser refroidir votre gâteau à l'intérieur, la porte légèrement entrouverte.

✦ Vous devez passer la lame d'une spatule métallique entre le rebord du moule et le gâteau afin de le détacher de la paroi, ainsi vous éviterez qu'il ne casse lors du refroidissement. Ne surtout pas ouvrir la charnière de votre moule.

✦ Lorsque le cheese-cake est refroidi, le réserver 12 h au moins au frais.

Vous pouvez, au moment de le déguster, verser un coulis de fruits rouges et décorer de framboises.

MUFFINS AU EARL GREY

Préparation : 15 min *Cuisson :* 20 min

POUR 6 PERSONNES

25 cl de lait ✦ 12 g de thé Earl Grey (soit 2 cuillerées à soupe) ✦ 1 sachet de levure chimique ✦ 2 œufs ✦ 250 g de farine ✦ 120 g de beurre ✦ 120 g de sucre semoule

✦ Préchauffer le four à 180 °C (th. 6).
✦ Dans une casserole, chauffer le lait puis y faire infuser le thé dix bonnes minutes.
✦ Dans un saladier, mélanger la farine tamisée avec la levure.
✦ Parallèlement, travailler le sucre avec les œufs jusqu'à ce que le mélange blanchisse. Introduire le beurre délicatement, puis le lait filtré. Mélanger avec la farine.
✦ Beurrer les moules à muffins ; verser la pâte et enfourner 20 min à 180 °C (th. 6).
✦ Laisser refroidir avant de démouler.

GÂTEAU À LA RICOTTA COMME EN SARDAIGNE

Préparation : 25 min *Cuisson :* 55 min

POUR 6 PERSONNES

1 rouleau de pâte feuilletée ✦ 400 g de ricotta ✦ 10 cl de crème liquide allégée ✦ 100 g de sucre ✦ 150 g de fruits confits découpés en macédoine ✦ 2 œufs ✦ Le zeste d'une demi-orange bio ✦ Le jus d'une demi-orange

✦ Préchauffer le four à 180 °C (th. 6).
✦ Étaler la pâte feuilletée dans un moule à tarte puis la couvrir de billes de cuisson avant de l'enfourner pour 10 min de cuisson à blanc (cuire légèrement avant de garnir).
✦ Prélever le zeste et le jus de l'orange et réserver.
✦ Dans un saladier, battre les œufs entiers et le sucre semoule. Ajouter la ricotta, la crème liquide.
✦ Détailler en macédoine les fruits confits et les ajouter à la préparation de la tarte avec le zeste de l'orange et le jus.
✦ Sortir le fond de tarte du four.
✦ Verser la préparation à base de ricotta et faire cuire 45 min.
✦ Sortir la tarte du four et la laisser refroidir avant de la réserver au réfrigérateur 2 à 3 h.

BROWNIES ➤ ➤

Préparation : 15 min *Cuisson :* 25 min

POUR 6 PERSONNES

120 g de farine ✦ 140 g de chocolat noir 60 % de cacao ✦ 220 g de beurre ✦ 140 g de sucre en poudre ✦ 80 g de cassonade ✦ 4 œufs ✦ 120 g de fruits secs selon vos goûts (noix, amandes, noix de pécan, noisettes…)

✦ Préchauffer le four à 170 °C (th. 6).

✦ Faire fondre le chocolat au bain-marie. Concasser grossièrement les fruits secs.

✦ Dans un robot, travailler le beurre et le sucre pendant 3 à 4 min. Ajouter le chocolat fondu puis les œufs un à un. Incorporer délicatement la farine tamisée avec une spatule, puis les fruits secs.

✦ Beurrer un plat à gratin et le tapisser de papier sulfurisé. Verser la pâte à gâteau dans le plat et faire cuire 30 à 35 min.

✦ Laisser refroidir avant de démouler et de découper le brownie en carré. Saupoudrer de sucre glace.

Le brownie peut se déguster tiède avec une crème anglaise ou une jolie boule de glace à la vanille.

PANCAKES AUX MYRTILLES

Préparation : 10 min *Cuisson :* 5 min

POUR 6 PERSONNES

350 g de farine ✦ 45 cl de lait demi-écrémé ✦ 2 œufs ✦ 1 pincée de sel ✦ 60 g de beurre fondu ✦ 1 sachet de levure chimique ✦ 60 g de sucre en poudre ✦ 150 g de myrtilles fraîches ✦ Un peu de beurre pour la cuisson

✦ Dans un saladier, mélanger la farine tamisée, la levure, le sel et le sucre.

✦ Ajouter les deux œufs, le beurre fondu et un peu de lait. Remuer énergiquement la pâte pour obtenir une consistance homogène, sans grumeau.

✦ Délayer progressivement tout le lait, puis incorporer les myrtilles sans les écraser, filmer la préparation et la laisser reposer à température ambiante 1 h.

✦ Faire fondre dans une poêle de petit diamètre un peu de beurre et verser une louche de pâte sur 2 cm d'épaisseur environ. Laisser cuire près de 2 min avant de retourner votre pancake à l'aide d'une spatule et de poursuivre la cuisson 2 min sur la seconde face.

✦ Servir bien chaud avec de la crème fouettée, du sirop d'érable ou de la cassonade.

COOKIES

Préparation : 15 min *Cuisson :* 10 à 12 min

POUR 4 PERSONNES

100 g de beurre doux à température ambiante ✦ 100 g de beurre demi-sel à température ambiante ✦ 125 g de cassonade ✦ 125 g de sucre semoule blanc ✦ 300 g de farine ✦ 200 g de pépites de chocolat ✦ 1 œuf ✦ 1 cuillerée à café d'extrait de vanille

✦ Dans un saladier, casser l'œuf avec le sucre, l'extrait de vanille et fouetter (avec un batteur) jusqu'à ce que le mélange blanchisse.

✦ Dans un second saladier, malaxer la farine tamisée avec le beurre coupé en petits morceaux du bout des doigts.

✦ Faire une fontaine et ajouter le mélange sucre œuf. Bien mélanger le tout avant d'ajouter les pépites de chocolat.

✦ Façonner les cookies d'environ 5 cm de diamètre sur 0,5 cm d'épaisseur. Ou si vous préférez, constituer des petites boules avec une cuillère à glace. Les déposer sur un papier sulfurisé ou une plaque à pâtisserie que vous laisserez reposer 1 h au réfrigérateur.

✦ Préchauffer le four à 180 °C (th. 6).

✦ À la sortie du frigo, écraser les boules avec la paume de la main ou une grande cuillère. Enfourner pendant 10 min. Le cookie ne doit pas être trop cuit, à la limite pas assez cuit. Il doit rester moelleux au centre et croustillant sur les bords.

Vous pouvez aromatiser vos cookies au gré de vos envies : avec des éclats de noisette, des raisins secs, noix de pécan, pépites au chocolat blanc, amandes, pistaches…

SCONES

Préparation : 10 min *Cuisson :* 18 min

POUR 6 PERSONNES

240 g de farine ✦ 60 g de sucre en poudre ✦ 1 sachet de levure alsacienne ✦ 50 g de beurre demi-sel en dés ✦ 50 g de beurre doux en dés ✦ 10 cl de lait ✦ 1 œuf battu ✦ 100 g de raisins secs Corinthe et Smyrne (facultatif)

✦ Mettre les raisins secs à tremper dans une tasse de thé ou un bol d'eau tiède.

✦ Dans un saladier, tamiser la farine avec la levure. Ajouter le sucre et le beurre en dés. Travailler la pâte avec les doigts jusqu'à ce que le mélange prenne l'aspect de grosses miettes. La pâte doit être sableuse.

✦ Incorporer le lait progressivement puis l'œuf battu. La pâte est alors molle, homogène, mais pas collante. Si besoin, ajoutez un peu de farine. Ajouter les raisins.

✦ Former une boule, la filmer et la réserver au réfrigérateur 30 min.

✦ Préchauffer le four à 200 °C (th. 7).

✦ Étaler la pâte sur une épaisseur de 3 à 4 cm et réaliser les scones à l'aide d'un emporte-pièce de 5 cm de diamètre environ ou d'un verre à eau renversé dont vous vous servez pour la découpe.

✦ Déposer les scones sur un tapis de cuisson ou une plaque à pâtisserie.

✦ Laisser cuire 12 à 15 min.

✦ Déguster encore chaud avec une marmelade à l'orange, du Nutella, du lemon curd ou tout simplement du beurre.

SHORTBREADS, BISCUITS ÉCOSSAIS ➤ ➤

Préparation : 10 min Cuisson : 45 à 50 min

POUR 6 PERSONNES

160 g de farine ✦ 60 g de sucre ✦ 2 cuillerées à soupe de sucre cristallisé ou cassonade ✦ 130 g de beurre demi-sel en dés à température ambiante ✦ 80 g de Maïzena

✦ Dans un saladier, tamiser la farine avec la Maïzena. Mélanger la farine avec le beurre découpé en dés. Travailler la pâte avec les doigts pas trop longtemps. Ajouter le sucre. La pâte doit être sableuse.
✦ Beurrer un moule carré de 20 x 20 cm, puis le tapisser de papier de cuisson. Étaler la pâte dans le moule en la tassant. Recouvrir de film alimentaire et réserver 2 h au réfrigérateur.
✦ Préchauffer le four à 160 °C (th. 5).
✦ À l'aide d'une règle, tracer des rectangles de 2 cm de largeur sur 7 cm de longueur.
✦ Piquer à la fourchette dans toute l'épaisseur de la pâte la totalité des biscuits.
✦ Saupoudrer des deux cuillerées à soupe de sucre cristallisé et enfourner pour 45 à 50 min. Les biscuits doivent être légèrement dorés.
✦ Sortir du four les Shortbreads et repasser le couteau sur les traits prédécoupés.
✦ Laisser refroidir avant de démouler puis découper vos biscuits écossais.

CRUMBLE DE FRAISES

Préparation : 10 min Cuisson : 20 min

POUR 4 PERSONNES

700 g de fraises ✦ 60 g de cassonade ✦ 60 g de beurre en pommade ✦ Le zeste d'un citron jaune ✦ 60 g de farine ✦ 60 g de muesli

✦ Laver, équeuter et couper les fraises en quatre.
✦ Réaliser la pâte à crumble : verser dans un saladier la cassonade, la farine tamisée, le muesli, le zeste du citron et mélanger le tout. Détailler le beurre mou en petits dés et travailler cette pâte du bout des doigts. Vous devez obtenir une consistance sableuse.
✦ Disposer les quartiers de fraises dans des coupelles allant au four.
✦ Répartir le mélange sablé, la pâte à crumble dessus et enfourner à 180 °C (th. 6) pendant 20 à 23 min.
✦ Déguster tiède ou froid.

GAUFRES
TRADITIONNELLES

Préparation : 10 min Cuisson : 4 min

POUR 4 PERSONNES

300 g de farine ✦ 75 g de sucre ✦ 100 g de beurre ✦ 2 œufs ✦ 1 sachet de levure chimique ✦ 1 pincée de sel

✦ Faire fondre le beurre et le laisser refroidir.

✦ Tamiser la farine et la disposer dans un saladier avec la levure. Mélanger et faire un puits. Ajouter le sel, le sucre en poudre, le beurre fondu et les œufs entiers. Remuer et délayer progressivement avec le lait pour éviter la formation de grumeaux. Laisser reposer la pâte 1 h à température ambiante.

✦ Faire chauffer le gaufrier sur thermostat 3 ou 4.

✦ Beurrer les plaques. Verser une louche de pâte en prenant soin de recouvrir chaque petit pavé sans faire déborder la pâte. Laisser cuire 2 à 3 min sur chaque face.

✦ Placer les gaufres sur une grille à pâtisserie et les déguster accompagnées de confiture, sirop d'érable, Nutella ou sucre glace.

Vous pouvez aussi aromatiser votre pâte à gaufres en ajoutant dans la farine une cuillerée à café de cannelle, de fleur d'oranger, de rhum…

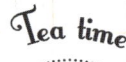

FINANCIERS ➤➤

Préparation : 15 min *Cuisson :* 30 min

POUR 6 PERSONNES

40 g de farine ✦ 50 g de poudre d'amande ✦ 100 g de sucre glace ✦ 4 blancs d'œufs ✦ 60 g de beurre fondu

✦ Dans un saladier, tamiser la farine puis la mélanger à la poudre d'amande et au sucre glace.
✦ Dans un second saladier, fouetter les blancs d'œufs manuellement pendant 2 à 3 min. Le mélange doit être mousseux. Les incorporer à la préparation du premier saladier.
✦ Faire fondre le beurre et l'ajouter à la pâte. Filmer et réserver au réfrigérateur pendant 1 h.
✦ Préchauffer le four à 200 °C (th. 7).
✦ Beurrer et fariner les moules à financiers. Les remplir aux trois quarts de pâte et faire cuire 10 min puis baisser la température à 180 °C (th. 6) et prolonger la cuisson de 20 min.
✦ Laisser refroidir 20 min avant de démouler.

Vous pouvez aussi ajouter une cuillerée à soupe de rhum, Grand Marnier… à la pâte si vous souhaitez.

PALMIERS AUX DRAGÉES

Préparation : 10 min *Cuisson :* 10 min

POUR 6 PERSONNES

1 rouleau de pâte feuilletée ✦ 10 cuillerées à soupe de sucre en poudre ✦ 10 à 12 dragées colorées de préférence

✦ Préchauffer le four à 200 °C (th. 7).
✦ Concasser grossièrement les dragées au robot.
✦ Dérouler la pâte sur un plan de travail recouvert de la moitié du sucre avec la moitié des dragées.
✦ Verser la seconde moitié de sucre en poudre et dragées sur l'autre face de la pâte. Cette dernière doit être parfaitement recouverte de sucre pour bien caraméliser.
✦ Rouler les côtés opposés de la pâte vers le centre en faisant rejoindre les deux boudins.
✦ Couper ensuite des tronçons de 1 cm d'épaisseur environ et les placer sur un tapis de cuisson.
✦ Enfourner pour 10 à 12 min. Les palmiers doivent être dorés et caramélisés.
✦ Laisser refroidir avant de déguster.

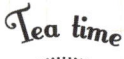

MOELLEUX AU CITRON

Préparation : 10 min *Cuisson :* 55 min

POUR 6 PERSONNES

150 g de sucre ✦ *160 g de farine* ✦ *1/2 sachet de levure* ✦ *3 œufs* ✦ *150 g de beurre* ✦
2 citrons jaunes et 1 citron vert ✦ *1 cuillerée de sucre en poudre*

✦ Préchauffer le four à 180 °C (th. 6).

✦ Dans un saladier, fouetter les œufs entiers et le sucre avec un batteur électrique jusqu'à ce que le mélange blanchisse.

✦ Incorporer la levure à la farine tamisée puis la mélanger aux œufs.

✦ Faire fondre le beurre, le verser sur la pâte et remuer doucement.

✦ Laver un citron. Avec une râpe, prélever le zeste avant de recueillir le jus. Incorporer le jus et le zeste dans la pâte à gâteau, remuer puis beurrer un moule et y verser la préparation.

✦ Enfourner 15 min à 180 °C (th. 6), puis baisser le feu à 160 °C (th. 5) et poursuivre la cuisson 40 min.

✦ Dans une casserole, verser le jus du deuxième citron jaune et du citron vert, une cuillerée à soupe de sucre semoule et deux cuillerées d'eau. Faire chauffer sans bouillir et, à la sortie du four, verser ce sirop sur le gâteau.

✦ Laisser refroidir avant de démouler et de déguster saupoudré de zeste de citron.

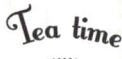
GÂTEAU AUX NOIX ➤➤

Préparation : 10 min *Cuisson :* 20 min

POUR 6 PERSONNES

100 g de noix ✦ 80 g de beurre ✦ 80 g de sucre ✦ 40 g de farine ✦ 3 œufs

✦ Préchauffer le four à 170 °C (th. 6).

✦ Mélanger les jaunes d'œufs avec le sucre à l'aide d'un fouet manuel afin d'obtenir une mousse presque blanche.

✦ Introduire le beurre fondu, puis la farine tamisée, et enfin les noix mixées grossièrement.

✦ Monter les blancs en neige très ferme puis les incorporer délicatement à la pâte à l'aide d'une spatule.

✦ Faire cuire 20 min dans un moule à cake ou des ramequins individuels.

✦ Attendre qu'ils refroidissent avant de les démouler. Vous pouvez les saupoudrer de sucre glace avant de les déguster avec un sorbet au chocolat par exemple.

Petite astuce : ce gâteau se congèle remarquablement.

MON GÂTEAU MARBRÉ

Préparation : 15 min *Cuisson :* 50 min

POUR 6 PERSONNES

250 g de farine ✦ 250 g de beurre ✦ 200 g de sucre ✦ 3 œufs ✦ 1 sachet de levure chimique ✦ 25 g de cacao en poudre non sucré

✦ Préchauffer le four à 200 °C (th. 7).

✦ Tamiser la farine avec la levure chimique.

✦ Faire fondre le beurre. Dans un saladier, mélanger le beurre fondu avec le sucre en poudre au fouet électrique pendant 2 min. Ajouter les jaunes d'œufs un à un.

✦ Monter les blancs en neige ferme à l'aide d'un batteur électrique. Les incorporer délicatement à la pâte à gâteau avec une spatule.

✦ Diviser la pâte en deux parts égales et ajoutez le cacao dans l'une d'elles.

✦ Verser une première couche de pâte sans chocolat puis une couche de pâte au cacao. Alterner les couches jusqu'à ce que le moule soit plein.

✦ Enfourner votre gâteau 50 min.

✦ Laisser refroidir avant de démouler. Déguster avec une tasse de thé.

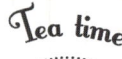
MES CANNELÉS

Préparation : 20 min *Cuisson :* 1 h 10

POUR 6 PERSONNES

50 cl de lait demi-écrémé ✦ 1 gousse de vanille, de préférence de Tahiti ✦ 30 g de beurre ✦ 2 œufs entiers et 2 jaunes ✦ 100 g de farine ✦ 1 cuillerée à soupe de rhum ✦ 200 g de sucre semoule

La veille

✦ Faire chauffer le lait dans une casserole avec la gousse de vanille fendue, grattée.

✦ Lorsque le lait est chaud, couper le beurre et le faire fondre dans le liquide. Laisser la vanille infuser encore quelques minutes avant de retirer la gousse.

✦ Casser les œufs dans un saladier, les mélanger au sucre et à la farine tamisée.

✦ Verser le lait progressivement sur la préparation à base d'œuf en remuant avec un fouet. Ajouter le rhum et laisser refroidir.

✦ Filmer le saladier avant de laisser la pâte reposer 2 h, idéalement une nuit.

Le jour même

✦ Préchauffer le four à 270 °C (th. 7).

✦ Se munir de moules à cannelés. Je préfère les moules souples en silicone qui évitent de les beurrer. De plus ils sont plus faciles à démouler.

✦ Remplir chaque alvéole aux trois quarts et enfourner 10 min à 270 °C (th. 9), puis baisser la température du four à 180 °C (th. 6). Poursuivre la cuisson durant 1 h. Si vous choisissez des moules à mignardises comme moi (taille plus petite), la cuisson sera alors de 45 à 50 min. Démouler tiède.

La réussite des cannelés dépend de la chaleur du four. Une chaleur importante en début de cuisson procurera un croustillant délicieux.

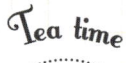

LES MADELEINES
DE MON ENFANCE

Préparation : 10 min *Cuisson :* 12 min

POUR 6 PERSONNES

100 g de farine ✦ 100 g de beurre ✦ 100 g de sucre ✦ 2 œufs ✦ 4 g de levure chimique ✦ Le zeste d'un citron jaune

✦ Tamiser la farine avec la levure chimique.

✦ Faire fondre le beurre.

✦ Dans un saladier, mélanger le sucre en poudre et les œufs entiers au fouet électrique pendant 3 min. Le mélange doit être mousseux et jaune clair.

✦ Ajouter la farine et la levure puis incorporer le beurre.

✦ Prélever le zeste du citron avec une râpe. L'introduire dans la pâte.

✦ Remplir aux deux tiers les moules à madeleines et les réserver au réfrigérateur pendant 1 h. C'est le choc thermique qui créera la jolie bosse sur les gâteaux.

✦ Préchauffer le four à 220 °C (th. 7).

✦ Enfourner les madeleines 5 min à 220 °C (th. 7) puis baisser le thermostat à 200 °C (6/7) et poursuivre la cuisson 7 min.

✦ Démouler les madeleines quand elles sont encore tièdes et les laisser refroidir sur une grille.

Il m'arrive d'aromatiser les madeleines en ajoutant à la pâte du sirop d'érable (8 cl), de la poudre de thé Matcha (2 cuillerées à café), ou de la poudre de cacao (3 cuillerées à café) ou encore du sirop d'orgeat (6 à 8 cl)...

CHOUQUETTES

Préparation : 10 min *Cuisson :* 25 à 45 min

POUR 6 PERSONNES

25 cl d'eau ✦ 125 g de farine ✦ 60 g de beurre ✦ 1 pincée de sel ✦ 25 g de sucre en poudre ✦
3 œufs ✦ 100 g de sucre perlé (en grains) ✦ 1 jaune d'œuf pour la dorure

✦ Verser l'eau dans une casserole avec le beurre détaillé en morceaux et le sucre en poudre. Porter à ébullition en mélangeant régulièrement avec une cuillère en bois.

✦ Retirer du feu et verser la farine tamisée. Mélanger bien pour éviter la création de grumeaux.

✦ Remettre sur un feu doux pour assécher la pâte en remuant constamment pendant 2 à 3 min. La pâte doit former une boule qui se détache de la paroi de la casserole.

✦ Préchauffer le four à 180 °C (th. 6).

✦ Hors du feu, ajouter progressivement les œufs : casser le premier œuf et mélanger bien jusqu'à absorption complète de celui-ci dans la pâte avant de casser le second.

✦ Renouveler l'opération pour le troisième. La pâte doit être homogène et avoir la consistance d'une purée un peu collante.

✦ Laisser refroidir quelques minutes avant de déposer la pâte à choux dans une poche à douille. Si vous n'en avez pas, utiliser un sac de congélation dont vous couperez le coin.

✦ Réaliser des petites boules de la taille d'une noix sur une plaque à pâtisserie. Les espacer suffisamment, car vos chouquettes vont gonfler lors de la cuisson.

✦ Dorer les choux au pinceau avec le jaune d'œuf mélangé à une cuillerée à soupe d'eau.

✦ Couvrir les chouquettes de sucre perlé en appuyant très légèrement sur les grains de sucre pour qu'ils adhèrent aux choux.

✦ Enfourner pour 20 à 30 min (selon la grosseur) de vos chouquettes. Elles sont cuites quand elles sont bien gonflées et bien dorées. Laisser refroidir avant de déguster.

Si vous réalisez cette recette sans le sucre perlé, vous obtenez les choux de base pour des profiteroles ou des choux à la crème.

SABLÉS BRETONS

Préparation : 10 min *Cuisson :* 25 min

POUR 6 PERSONNES

1 jaune d'œuf ✦ 230 g de farine ✦ 110 g de sucre en poudre ✦ 125 g de beurre salé en pommade ✦ 2 cuillerées à soupe de calvados, rhum, kirsch...

✦ Dans une terrine, mélanger la farine tamisée et le sucre en poudre.

✦ Découper le beurre en petits morceaux et l'incorporer dans la terrine.

✦ Malaxer avec les bouts de vos doigts jusqu'à obtenir une pâte sableuse. Ne pas trop travailler les différents ingrédients.

✦ Creuser un puits et déposer le jaune d'œuf et les deux cuillerées à soupe de calvados.

✦ Pétrir légèrement la pâte pour obtenir une consistance homogène. Réaliser une boule et l'envelopper dans un torchon propre puis la laisser reposer pendant toute une nuit, au réfrigérateur.

✦ Préchauffer le four à 150 °C (th. 5).

✦ Abaisser la pâte sur une épaisseur de 5 mm, à l'aide d'un rouleau à pâtisserie, sur une surface farinée, ou entre deux feuilles de papier sulfurisé.

✦ Découper les sablés à l'aide d'un emporte-pièce de 5 cm de diamètre.

✦ Les déposer sur une plaque de cuisson. Réaliser avec une fourchette ou un couteau des stries pour décorer vos biscuits et enfourner pour 25 min.

✦ Les laisser refroidir avant de les entreposer dans une boîte hermétique où vous pouvez les conserver pendant plusieurs jours.

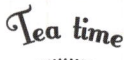
TARTE AUX POMMES
EN FLEURS

Préparation : 25 min *Cuisson :* 35 min

POUR 6 PERSONNES

PÂTE : *100 g de beurre* ✦ *100 g de sucre* ✦ *1 œuf entier* ✦ *250 g de farine* ✦ **GARNITURE :** *120 g à 140 g de compote de pommes* ✦ *5 pommes (moitié Golden et Royal Gala)* ✦ *20 g de beurre* ✦ *2 cuillerées à soupe de cassonade*

✦ Préchauffer le four à 180 °C (th. 6).

✦ Préparer la pâte à tarte en mélangeant le beurre avec le sucre de manière énergique.

✦ Lorsque le mélange est bien blanc et crémeux, incorporer l'œuf entier puis la farine.

✦ Travailler la pâte à la main quelques minutes avant de l'étaler finement dans un moule à tarte. La piquer avec les dents d'une fourchette et la faire cuire à blanc (c'est-à-dire sans garniture) pendant 6 à 7 min.

✦ Éplucher les pommes. Les couper en deux et, après avoir épépiné les moitiés, les détailler en lamelles de façon à reconstituer le demi-fruit. Si vous souhaitez un effet « fleur » — une idée du chef Alain Passard — garder vos pommes entières et à l'aide d'un économe, tourner autour du fruit en détachant des bandes que vous enroulerez pour leur donner une jolie forme de rose.

✦ Sortir la tarte du four, étaler une fine couche de compote et disposer vos fleurs en cercle sur la totalité du fond de tarte, ou plus simplement vos lamelles de pommes.

✦ Faire fondre les 20 g de beurre et l'étaler au pinceau sur les fleurs avant de saupoudrer de cassonade.

✦ Enfourner pour 30 min.

✦ Laisser un peu refroidir la tarte avant de démouler. Déguster tiède ou froid.

ROCHERS À LA NOIX DE COCO ➤ ➤

Préparation : 15 min Cuisson : 12 min

POUR 8 PERSONNES

125 g de noix de coco râpée ✦ *100 g de sucre* ✦ *2 blancs d'œufs*

✦ Préchauffer le four à 180 °C (th. 6).
✦ Dans une terrine, mélanger la noix de coco avec le sucre.
✦ Fouetter manuellement les blancs d'œufs légèrement pour les détendre. Les incorporer à la coco râpée. Modeler des petites pyramides et les poser sur une feuille de papier de cuisson.
✦ Enfourner pour 12 à 15 min à mi-hauteur du four.
✦ Laisser refroidir avant de déguster ou conserver plusieurs jours dans une boîte hermétique.

GÂTEAU BRETON

Préparation : 10 min Cuisson : 45 à 50 min

POUR 6 PERSONNES

150 g de beurre demi-sel à température ambiante ✦ *150 g de sucre* ✦ *230 g de farine tamisée* ✦ *4 jaunes d'œufs + 1 pour dorer le gâteau*

✦ Préchauffer le four à 180 °C (th. 6).
✦ Travailler le beurre et le sucre pour obtenir un mélange légèrement blanchi. Ajouter un à un les quatre jaunes d'œufs puis la farine tamisée pour obtenir une pâte assez compacte.
✦ Verser dans un moule. Dorer avec le dernier jaune d'œuf dilué avec un peu d'eau. Décorer : réaliser des rayures avec les dents d'une fourchette puis mettre au four à 180 °C (th. 6) pendant 45 à 50 min.
✦ Laisser refroidir avant de démouler.

LUNETTES
À LA CONFITURE

Préparation : 10 min *Cuisson :* 10 min

POUR 8 PERSONNES

125 g de beurre à température ambiante ✦ 1 œuf ✦ 125 g de sucre ✦ 250 g de farine ✦ 3 cuillerées à soupe de mascarpone ✦ 1 cuillerée à café d'extrait de vanille ✦ 1/4 de pot de confiture de framboises, groseilles, fraises…

✦ Tamiser la farine.

✦ Découper le beurre en petits morceaux et l'incorporer à la farine.

✦ Pétrir du bout les doigts avant d'introduire l'œuf, le mascarpone et le sucre, afin d'obtenir une pâte sablée à filmer. Laisser reposer au frais 2 à 3 h.

✦ Préchauffer le four à 150 °C (th. 5).

✦ Étaler la pâte sur votre plan de travail légèrement fariné sur une épaisseur de 1,5 à 2 cm environ. Découper alors des biscuits avec un emporte-pièce de la forme que vous souhaitez : ovale, étoile, cœur…

✦ Découper deux ronds sur la moitié des biscuits déjà taillés.

✦ Poser tous les biscuits sur une plaque à pâtisserie chemisée de papier sulfurisé et faire cuire 10 à 12 min. Surveiller la cuisson, car les sablés ne doivent pas colorer.

✦ Laisser refroidir avant de procéder à l'assemblage : tartiner généreusement les sablés sans trous de confiture aux fruits rouges et recouvrez d'un biscuit troué que vous avez préalablement saupoudré de sucre glace.

✦ Déguster et conserver dans une boîte hermétique plusieurs jours.

Vous pouvez remplacer la confiture par du Nutella, de la crème de marrons.

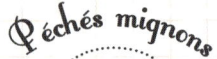

CAKE AU CHOCOLAT ET ORANGES CONFITES

Préparation : 20 min *Cuisson :* 1 h

POUR 6 PERSONNES

180 g de chocolat noir ✦ 180 g de sucre ✦ 125 g de beurre ✦ 180 g de farine + 1 cuillerée à soupe ✦ 4 œufs ✦ 2 cuillerées à café de levure chimique ✦ 125 g d'oranges confites

✦ Concasser finement le chocolat au couteau.

✦ Le faire fondre au bain-marie. Lorsqu'il est fondu, ajouter hors du feu le beurre découpé en petits morceaux.

✦ Détailler les oranges confites en petits dés et les saupoudrer d'une cuillerée de farine. Réserver.

✦ Préchauffer le four à 160 °C (th. 5).

✦ Dans un saladier, mélanger le sucre avec les œufs jusqu'à ce que le mélange blanchisse. Ajouter le chocolat et le beurre. Bien remuer.

✦ Tamiser la farine et la levure avant de l'incorporer à la préparation. Enfin, verser les oranges confites.

✦ Beurrer un moule à cake, verser la pâte et enfourner pour 1 h.

✦ À mi-cuisson, environ 30 min, fendre le cake dans la longueur avec une corne à pâtisserie (à défaut, la spatule fait très bien l'affaire). Cela permet au gâteau de mieux se développer.

✦ Le piquer avec la lame d'un couteau ; si elle ressort sèche, c'est que le gâteau est cuit.

✦ Laisser refroidir 15 min avant de démouler.

CHARLOTTE AUX FRAMBOISES

Préparation : 25 min Cuisson : 5 min

POUR 6 PERSONNES

500 g de framboises ✦ 150 g de sucre ✦ 4 feuilles de gélatine ✦ 25 cl de crème liquide ✦ 1 coulis de framboises ✦ 1/2 brioche ou une génoise ✦ Sucre glace

La veille

✦ Nettoyer les framboises. En mettre quelques-unes de côté pour la décoration et déposer les autres dans le bol d'un robot.

✦ Mettre la gélatine à ramollir dans un peu d'eau froide.

✦ Faire bouillir dans une casserole 15 cl d'eau et le sucre.

✦ Verser ce sirop sur les framboises puis mixer cette préparation. La passer au chinois.

✦ Essorer la gélatine et l'incorporer au coulis de fruits tiède.

✦ Fouetter la crème en chantilly puis l'ajouter délicatement à la préparation.

✦ Découper des tranches de brioche, de génoise, assez fines puis réaliser des bandes de la grandeur d'un biscuit à la cuillère.

✦ Tapisser le moule à charlotte de papier aluminium et garnir les parois et le fond du moule avec les tranches de brioche en les chevauchant légèrement.

✦ Verser la préparation de framboises et de crème dans le moule. Recouvrir d'un film alimentaire et réserver au frais pour la nuit.

Le jour même

✦ Démouler et décorer avec les framboises restantes, et du sucre glace.

✦ Si vous optez pour des moules individuels comme sur la photo, maintenir les charlottes avec un lien de réglisse.

✦ Déguster avec le coulis de framboises, ou une crème anglaise ou encore une glace vanille.

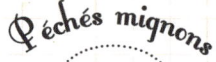

CUPCAKES

Préparation : 15 min *Cuisson :* 20 min

POUR 6 PERSONNES

120 g de beurre mou ✦ 100 g de sucre ✦ 2 œufs entiers à température ambiante ✦ 1/2 sachet de levure ✦ 140 g de farine ✦ 3 cuillerées à soupe de lait ✦ 1 cuillerée à café d'extrait de vanille ✦ **GLAÇAGE :** 300 g de Philadelphia ✦ 100 g de sucre glace ✦ Le jus d'un citron

✦ Penser à sortir vos œufs et le beurre deux bonnes heures à l'avance.

✦ Préchauffer le four à 180 °C (th. 6).

✦ Mélanger au fouet électrique le beurre et le sucre pendant 4 à 5 min.

✦ Ajouter les œufs entiers un à un en continuant de battre au fouet électrique. La pâte du Cupcake doit être bien travaillée.

✦ Incorporer dans la pâte les cuillerées de lait et l'extrait de vanille en continuant de battre.

✦ Introduire la farine tamisée et la levure et à ce moment ne plus trop travailler la pâte. La verser dans une poche à douille.

✦ Chemiser les moules à muffins avec des caissettes en papier et les remplir aux deux tiers à peine de pâte à Cupcake.

✦ Enfourner pour 12 à 15 min.

✦ Laisser refroidir vos gâteaux avant de les napper de crème et de les décorer.

✦ À l'aide d'un fouet électrique, battre le fromage frais en y ajoutant progressivement le sucre glace et le jus de citron pour obtenir une crème. Ajouter quelques gouttes de colorant alimentaire.

✦ Recouvrir le sommet des Cupcakes de crème avec une poche à douille ou à la spatule et décorer à votre guise de sucre coloré, vermicelles chocolat….

✦ Réserver 1 h 30 au moins au réfrigérateur.

TARTE DES SŒURS TATIN

Préparation : 20 min *Cuisson :* 1 h

POUR 6 PERSONNES

7 à 8 pommes de type Boskoop ✦ 250 g de pâte feuilletée ✦ 100 g de beurre ✦ 150 g de sucre

✦ Peler les pommes. Ôter le cœur des fruits et les couper en quatre quartiers.

✦ Faire fondre le beurre dans un moule à manqué de 22 cm, à génoise ou une poêle dont le manche se démonte. Saupoudrer de sucre et laisser caraméliser.

✦ Disposer ensuite les quartiers de pommes bien serrés côté bombé vers le fond du moule et laisser cuire à feu doux sur votre plaque de cuisson durant 20 à 25 min.

✦ Préchauffer le four à 200 °C (th. 6/7).

✦ Étaler la pâte feuilletée sur votre plan de travail avec un rouleau à pâtisserie pour qu'elle fasse 2,5 mm d'épaisseur environ.

✦ Détailler un disque de la taille du moule et le poser sur les pommes en rentrant le bord à l'intérieur du plat.

✦ Faire cuire pendant 30 à 35 min à 180 °C (th. 6) jusqu'à ce que la pâte soit cuite et bien dorée.

✦ Sortir du four et retourner la tarte aussitôt sur un plat de service. Si le caramel refroidit, vous aurez du mal à la démouler.

✦ Déguster la Tatin accompagnée de crème fraîche épaisse ou d'une boule de glace à la vanille ou à la cannelle.

TARTELETTES AUX FRAISES
ET BASILIC SUR CRÈME D'AMANDES

Préparation : 20 min *Cuisson :* 17 min

POUR 4 PERSONNES

PÂTE : 220 g de farine ✦ 100 g de beurre ✦ 100 g de sucre ✦ 1 œuf entier ✦ **CRÈME :** 40 g de poudre d'amande ✦ 40 g de sucre ✦ 1 œuf ✦ 2 cuillerées à soupe de mascarpone ✦ 500 g de fraises ✦ 4 cuillerées à soupe de confiture de fraises ✦ Quelques feuilles de basilic

✦ Préparer la pâte à tarte en mélangeant le beurre avec le sucre de manière énergique.

✦ Lorsque le mélange est bien blanc et crémeux, incorporer l'œuf entier puis la farine tamisée. Travailler la pâte à la main quelques minutes avant de former une boule. La filmer et la réserver au réfrigérateur 20 min.

✦ Pendant ce temps, préparer votre crème : mélanger la poudre d'amande, le sucre, l'œuf entier battu en omelette et le mascarpone. Faire cuire 5 min au bain-marie. La crème va progressivement légèrement épaissir.

✦ Verser cette préparation dans un plat et laisser refroidir.

✦ Préchauffer le four à 180 °C (th. 6).

✦ Étaler finement dans un moule à tarte, ou des moules individuels la pâte.

✦ Piquer les tartelettes avec les dents d'une fourchette et les faire cuire à blanc (c'est-à-dire sans garniture) pendant 8 à 12 min et 20 à 25 min pour une grande tarte.

✦ Nettoyer les fraises, les équeuter.

✦ Démouler les tartelettes, étaler la crème froide dessus puis disposer les fraises.

✦ Faire chauffer la confiture de fraises et napper vos tartelettes au pinceau puis saupoudrer de basilic ciselé.

✦ Déguster sans attendre.

Pour garder tout son croustillant et sa fraîcheur, ne pas garnir vos tartelettes trop longtemps à l'avance, car elles auraient tendance à ramollir.

GÂTEAU VITAMINÉ À L'ORANGE

Préparation : 10 min *Cuisson :* 30 min

POUR 4 PERSONNES

110 g de beurre ✦ 110 g de sucre ✦ 110 g de farine ✦ 2 œufs ✦ 2 cuillerées à café de levure chimique ✦ 2 cuillerées de marmelade d'orange ✦ Le jus et le zeste d'une orange bio

✦ Préchauffer le four à 180 °C (th. 6).

✦ Découper le beurre en petits dés dans un saladier et le travailler avec le sucre en poudre jusqu'à ce que le mélange blanchisse.

✦ Dans une jatte, foutter les œufs en omelette et ajouter la marmelade d'orange. Verser dans le saladier avec le mélange sucre et beurre. Ajouter la farine et la levure tamisées.

✦ Prélever le zeste de l'orange avec une râpe, et verser le jus dans la pâte à gâteau.

✦ Enfourner dans des moules individuels 30 min.

✦ Démouler tiède et déguster. La marmelade procure une consistance entre le gâteau et le clafoutis et c'est un régal !

NATILLAS, CRÈME À LA CANNELLE

Préparation : 25 min *Cuisson :* 15 min

POUR 4 PERSONNES

60 cl de lait ✦ 4 jaunes d'œufs ✦ 2 bâtons de cannelle ✦ 60 g de sucre en poudre ✦ 2 cuillerées à café de Maïzena soit 6 g ✦ 1 cuillerée à soupe de cannelle en poudre

✦ Réserver 10 cl de lait. Mettre les autres 50 cl de lait avec les deux bâtons de cannelle à chauffer. Lorsque le lait bout, réserver hors du feu et laisser infuser pendant 15 à 20 min.

✦ Mélanger dans un bol les jaunes d'œufs avec le sucre. Ajouter la Maïzena et les 10 cl de lait. Mélanger bien pour ne pas avoir de grumeaux.

✦ Retirer les bâtons de cannelle du lait chaud et verser l'appareil à base d'œufs dans le liquide tiède.

✦ Remettre sur feu doux à épaissir en remuant constamment pendant 7 à 10 min à l'aide d'une cuillère en bois. La Natillas ne doit pas bouillir, mais juste frémir.

✦ Verser la crème dans des tasses ou verres et réserver au frais 2 à 3 h.

✦ Avant de déguster, saupoudrer de cannelle en poudre.

TABLE DES RECETTES

Christine Achard adresse ses remerciements à Thomas, Mathilde, Oscar et François pour leur compréhension,
leur implication et leur patience. Sans eux, les recettes de ce livre n'auraient pas la même saveur.
Sans oublier ses voisins-testeurs de recettes pour leurs conseils.

L'auteur remercie également les marques suivantes pour le prêt de matériel nécessaire au stylisme des photographies :
Autour du Monde, Bensimon (p. 5, 17, 67), *Cultura* (p. 3, 23, 27, 31), *Fly* (p. 41), *Habitat* (p. 33),
Iittala, Jardin d'Ulysse (p. 47), *Robot Kenwood, Le Jacquard Français* (p. 55), *Monoprix* (p. 15, 45, 61).

Editions OUEST-FRANCE
Aix-en-Provence - Lille - Rennes

© 2013, Editions Ouest-France, Edilarge S.A.
Editeur : Jérôme Le Bihan
Coordination éditoriale : Isabelle Rousseau
Conception graphique : Studio graphique des Editions Ouest-France
Mise en page et photogravure : graph&ti, Cesson-Sévigné (35)
ISBN : 978-2-7373-6009-1
N°d'éditeur : 7113.01.04.02.13
Dépôt légal : février 2013
Imprimeur : Loire Offset Titoulet, Saint-Étienne (42)
Imprimé en France
www.editionsouestfrance.fr